Mein erstes Fahrzeuge Malbuch

Bilder von Christine Henkel

Oje, ein Unfall!
Zum Glück sind Polizei und Abschleppwagen sofort zur Stelle.

Piraten an Bord!

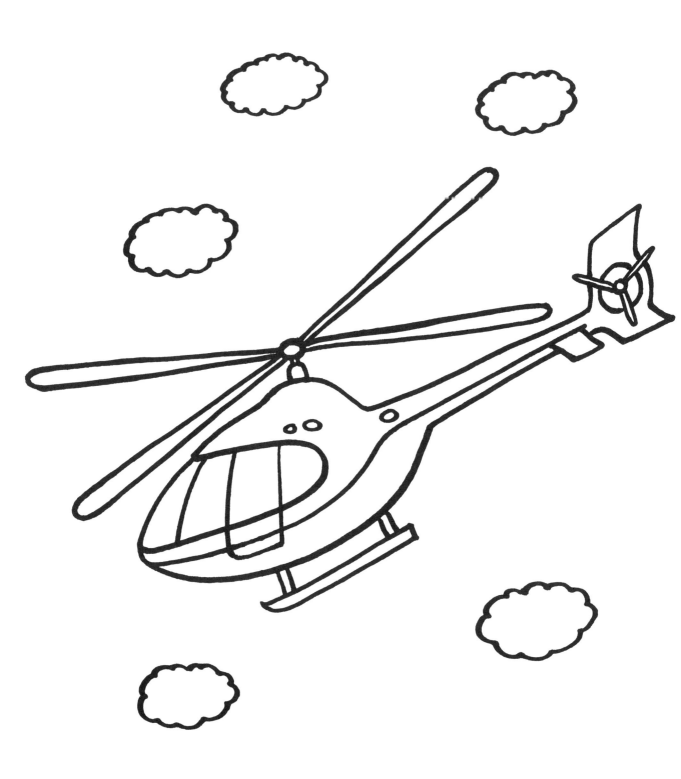

Hui, hier saust die Hexe durch die Nacht!

Am Wasser …

... und auf dem Feld.

Die Postbotin fährt mit ihrem Postauto von Haus zu Haus.

Ausmalposter zum Herausnehmen

Auf der Baustelle rollen die großen Fahrzeuge an.

Auf dem Bauernhof gibt's viel zu tun.

Hurra, wir fahren mit der Eisenbahn!

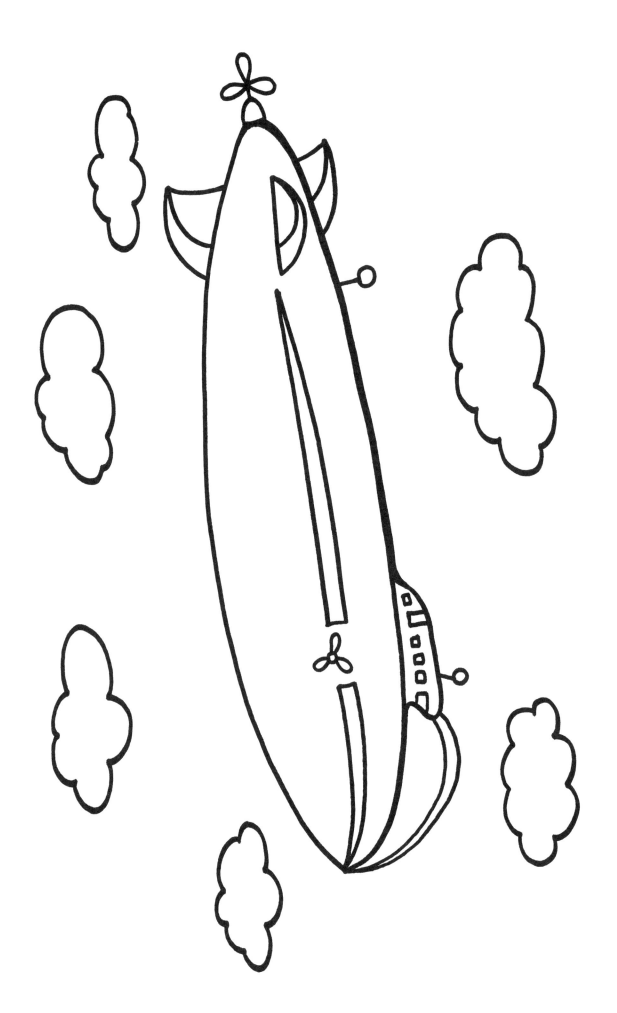

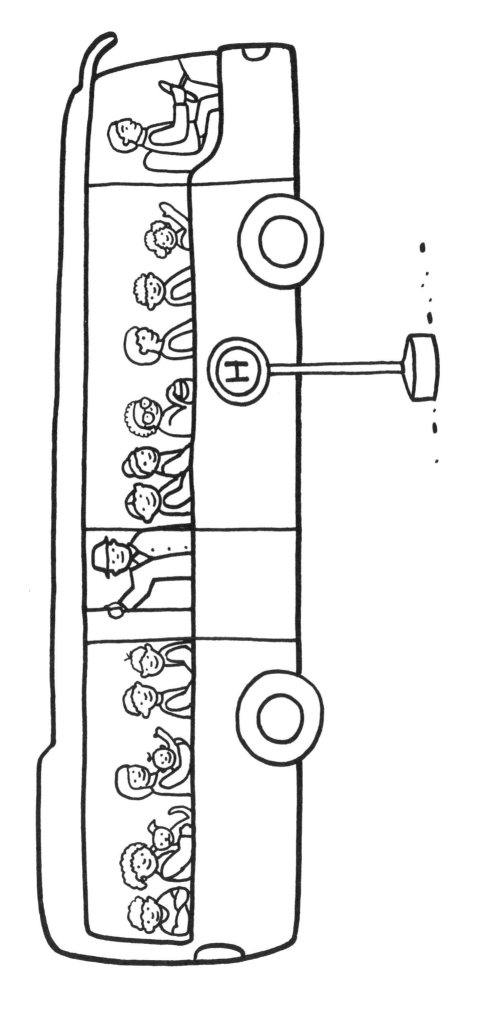

Wohin geht die Reise?

Tschüss, bis bald!